OMUPユニヴァテキストシリーズ ⑩

よくわかる

基礎経済学

－ミクロ経済・マクロ経済－

博士（学術）

井上 尚之

はじめに

　本書は，経済学を学ぼうとする初学者を対象にした大学の教科書として書かれています．経済学で理論化されている2大分野はミクロ経済学とマクロ経済学です．本書はこの2大分野に加えて，経済史も加えてわかりやすく解説しました．

特にミクロ経済学とマクロ経済学は多くの分析理論が確立しており，学べば学ぶほど非常に面白くなり興味が涌いてくる分野です．本書ではこれらの分析理論をできるだけ多くのグラフや実例を挙げてわかりやすく解説しました．

　第1章のミクロ経済学が10節，第2章のマクロ経済学が10節，および第3章の経済小史から成る構成です．

　各節の中に必ず1問以上の練習問題（EX.）および解答（ANS.）を付け，知識の確認と定着ができるように工夫しました．

　本書を1冊読み終えたとき，皆さんの世界観は一変すると思います．では早速読み始めましょう！

　皆さんの輝かしい未来が開けてきます！

博士（学術）

井 上 尚 之

目　次

第 1 章

ミクロ経済学

1-1. 経済学とは何か？

　経済という言葉は，「経世済民」という四字熟語を略した言葉です．「経世済民」とは，「世を経（おさ）め，民の苦しみを経（すく）うことです」．そしてこの経済を economy と訳した日本人はかの福沢諭吉です．福沢の『西洋事情』（外編）の中に，「『ポリチカル，エコノミー』經濟と譯す．…国家，家を保つの法の義」とあります．従って民の貧困の苦しみを救う学問がもともとの経済学の意義であったのです．

　「ミクロ経済」とは，経済を捉える際の視点の 1 つで，「経済の基本単位である企業など個別の主体について見るもの」を意味します．「ミクロ経済」の「ミクロ」は，英語で「微視的な」を意味する「micro」から来ています．

　その名の通り，経済における最少単位（家計や企業など）の行動や意思決定について観察する研究領域になります．「ミクロ経済」においては，家計や企業の行動について焦点を当て，そこから市場での価格決定のメカニズムや，資源がどのように企業や家計に配分されていくかなどの研究が行われます．

　「マクロ経済」との主な違いは，「視点の置き方」と「実践性」にあります．「ミクロ経済」は，前述のように家計などの「ミクロな視点」に立っており，理論的な面が強いのが特徴です．この点は，「マクロ経済」との使い分けのポイントとなっています．

　「マクロ経済」もまた，経済を捉える際の視点の一種で，「一国の経済全体を見るもの」を意味します．「マクロ経済」の「マクロ」は，英

語で「巨視的」を意味する「macro」から来ています.

　「大きな視点」という意味の通り,政府や企業,家計などをひとくくりにした,経済社会全体の動きについて扱う研究領域になります.「マクロ経済」では,財市場,貨幣市場,労働市場の3つの市場を対象として扱います.

　「ミクロ経済」との違いは,前述のように視点の置き方と実践性にあります.

　「ミクロ経済」が小さな単位を扱い,理論性が強かったのとは違い,「マクロ経済」は一国の経済全体を扱い,より現実的で実践的なのが特徴です.ただ,これまでは「マクロ経済」重視の傾向が強かったのに対し,現在は「ミクロ経済」の視点も取り込んで,両者の境界はなくなりつつあります.

1-2. 需要と供給

　私たちの毎日の生活は家計を中心に営まれています.家計は企業などに労働力を提供して賃金・給与を得るか,事業を営むなどして所得を得ます.そしてその所得から消費や貯蓄を行います.

　企業は家計から供給された労働力をもとに,財やサービを生産し,その販売を通じて利潤(利益)を得ます.財とは食べ物や着るものや工業製品など形のある生産物をいいます.運輸や医療など形のないものをサービスといいます.

　政府は家計や企業が納める税金を納める税金を主な財源として民間企業が提供できない財やサービスを供給し,経済の安定や成長を図る政策を行います.

　現在の経済はこの3つの経済主体,家計・企業・政府の相互のやり取りの上に成り立っています.

　財やサービスは,一定の価格で取引されます.その価格と取引量を決めるのが市場(しじょう)です.市場では次のように価格が決まり

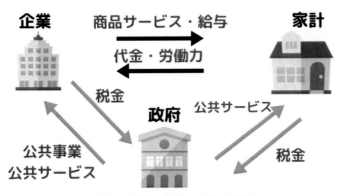

図1：家計・企業・企業の関係

　ます．すなわち，価格が高くなると消費者の需要量は減るが，企業の
供給量は増えます．その結果，商品に余りが出ると企業は価格を引き
下げます．価格が低くなると，消費者の需要量は増えるが，企業の供
給量は減ります．その結果，商品が不足し，企業は価格の引き上げを
はかります．このように価格が変動することで，やがて需要と供給が
一致する価格が決まります．この価格を均衡価格といいます．市場は
誰の命令に依ることなく，商品の価格を均衡価格へ導く性質を持って
います．この性質を市場メカニズムといいます．

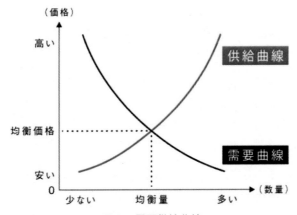

図2：需要供給曲線

4

　価格均衡の下では，財やサービスを余剰や不足も出さずに利用することができます．このため市場には効率性があるといわれます．たとえば超過供給では需要を上回る商品が作られ，労働力や資源の無駄使いにつながります．需要量と供給量が均衡していれば，人々が必要とするだけの商品が生産されます．市場にはこのように効率性を高める性質があります．このことは競争的市場に於いて売り手も買い手も誰に命じられたこともなく価格を信号として自分の利害に基づいて行った行為が，社会全体の利益を保証する仕組みが取り込まれているわけです．アダム・スミスが『国富論』で述べた「神の見えざる手」はこの仕組みのことです．

(EX.)　需要曲線と供給曲線の交点の価格を何というか？
(ANS.) 均衡価格
(EX.)　3つの経済主体をいえ．
(ANS.) 家計，企業，政府

1-3．市場の失敗

　市場メカニズムが働くためには，市場で自由な競争が行われるなどの条件が必要です．しかし現実にはこれらの条件は満たされず，市場の失敗という現象がみられます．

　たとえば，道路・下水道などの公共財は，社会的に必要であっても民間企業では利潤を生みだすことは困難であるため，市場メカニズムの下では供給されません．これは市場の失敗の典型例です．さらに公害や環境破壊の多くは，生産過程で生じる排煙や，廃液などの廃棄物に原因がありますが，これらの廃棄物を取引する市場は一般に存在しません．そのために価格の上昇などを通じて排出量を抑制することもできません．したがってこのような市場が機能しないところで生じる問題に関しては市場メカニズムによる解決は期待できません．このように公害・環境問題も市場の失敗の例です．

市場メカニズムが働かない市場の失敗は一般に次のような場合に生じます.

（1）競争の不完全性：ある企業が巨大化して市場を支配するようになると企業間の競争が弱まり，価格も資源の最適な配分を図るという役割を果たさなくなります. 市場の寡占化・独占化が進むと割高な価格になり，市場での価格調整がうまく働かなくなります. 独占の形態として企業が競争を避け，利潤を確保するために，価格・生産量・販売地域などを協定するカルテル（企業連合）あります. また合併や統合によって規模の利益の拡大を図るトラスト（企業合同）や持株会社が様々な分野の企業を傘下に於いて支配するコンツェルン（企業連携）があります. なお，持ち株会社とは，他の会社の株式を所有して事業活動をコントロールする会社です. 第二次世界大戦後の財閥解体以来禁止されていた持ち株会社の設立が1997年の独占禁止法の改正によって可能となりました.

（2）情報の非対称性：買い手が持っていない情報を売り手が持っている場合，本来あまり価値のない財を高値で売ろうとすることがあります. 中古車の例でいうと見た目は綺麗だが，事故車であるのにそれを隠して企業が高値で売ろうとしても消費者にはわからない. こうしたことが繰り返されると消費者は企業を信用できなくなり，市場で取引が行われにくくなります.

（3）公共財：社会にとっては必要であるが，代金を徴収しにくいため市場に任せていては十分に供給できなくなる財やサービスのことです. これらは政府が税金を使って提供せざるを得ません. 国防・警察・消防・道路や港湾，公園などの公共サービス・公共施設がその例です.

公共財は，非排除性と非競合性に分かれます.

表1：公共財の分類

非排除性	例：公園 お金を払わなくても誰でも利用できる
非競合性	例：道路 ある者が道路を通っても道路はなくならず，他の者もその道路を通れる

（4）外部性：外部性とは，市場を通さずに利益を受けたり，損失を被ることです．国民は自分達が欲しいと思う財やサービスに対価を支払い，需給の過不足は価格に反映されて過不足の調整が行われます．しかし対価を受け取ることなく不利益を被る場合があり，このことを**外部不経済**といいます．この例は，工場による有害物質の排出で水質汚染が発生し，下流域で住民の健康や漁業資源に被害が発生する場合などがあります．反対に対価を支払わなくても財・サービスを受ける**場合を外部経済**といいます．この例は新しい駅ができることで駅周辺の人出が増えて，近隣の店舗の売り上げが伸びると共に，周辺の地価が上昇することなどです．前例の外部不経済の例では，有害物質の排出量に応じて企業に課税したり，公害の被害者への補償を企業に義務付けを行う（これを**外部不経済の内部化**という）と，生産費用が上昇し，市場での生産量は減少して，公害が減少していくことになります．

(EX.) 情報の非対称性の例を挙げよ．
(ANS.) メルカリなどのインターネットの中古品販売などが挙げられる．つまり出品商品がどのような傷があるかなどの情報は出品者にしかわからない．
(EX.) 外部経済の例を挙げよ．
(ANS.) ミツバチの飼育が近隣果樹園での受粉を助ける．これにより近隣果樹園に利益が生じる．

1-4. 需要曲線Dの移動・供給曲線Sの移動

　需要曲線の移動：価格が同じでも需要を変化させる状況が生じると需要曲線は移動します．たとえば，所得が増加すると，消費者はより多くの商品を買うようになります．商品に人気が出た場合は，その商品の需要量が増加します．このような場合，どの価格帯においても需要量が増加するため，需要曲線は右に移動します．また，たとえばバターの価格が急騰した場合には，マーガリンなどの代わりになる代替材の需要曲線が右に移動することになります．逆に所得が減少したり，商品の人気が落ちたりした場合には，どの価格帯においてもその需要

量が減少するので，需要曲線は左に移動します．またたとえばパンが価格高騰で売れなくなると，パンと合わせて購入されることの多いジャムなどの補完財の需要曲線が左に移動します．**図3**は縦軸p（価格），横軸x（数量）です．

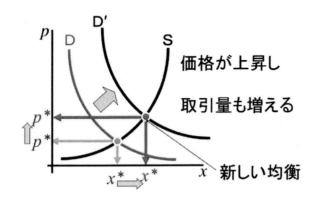

図3：所得が増加した時の需要曲線の移動，価格が上昇する

　供給曲線の移動：供給量を変化させる状況が生じると供給曲線が移動します．たとえば技術革新や原材料費の低下が起こったり，従業員の賃金が低下したり，天候に恵まれて豊作になったり，天然資源の回復（漁獲量など）によって増産したりした場合は，どの価格帯で商品を提供する場合であっても，同じ費用で従来より多くの商品を生産することができるので，供給曲線は右に移動します．逆に商品や売り手に対して課税が行われた場合や，原材料費や従業員の賃金が上昇したり，天候や天然資源減少により生産量が減少したりした場合には，供給量はどの価格帯においても減少するため，供給曲線は左に移動することになります．**図4**は縦軸p（価格），横軸x（数量）です．

　このように価格変動には「需要が動く」「供給が動く」という2つのメカニズムが働きます．

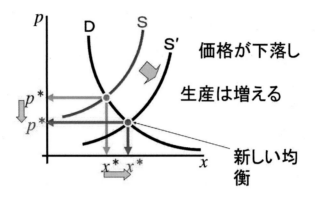

図4：生産量が増加した時の需要曲線の移動．価格が下降する

　図5では，需要曲線が右に動き，さらに供給曲線も右に動く場合を示しています．ある商品に人気が出たので，主要曲線は右に移動します．つまり実線から点線に移動します（D線からD"線に移動）．しかし，技術革新で大量生産が可能になったので，供給曲線も右に移動し，実線から点線に移動します（S線からS"線に移動）．その結果価格はD"線とS"線の交点に移動します．結局のところ，最初のE点の価格よりは高い価格に落ち着きます．但し，この価格はS₁点よりは安くなっ

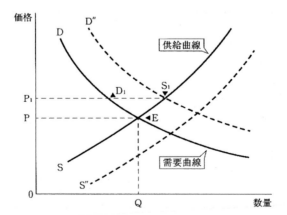

図5：需要曲線と供給曲線が両方動いて価格が決定する例

ています．このように価格は，実際の価格は需要曲線と供給曲線の両方が動くことによって決定することが多いことに注意してください．

完全競争市場では，たとえば価格が200円で発売されている財を少しでも利益を上げるように250円で売るとどうなるでしょうか．完全競争市場では顧客は他社に逃げてしまいます．他社が同じような財を200円で販売しているからです．つまり完全競争市場では，企業は市場価格である200円を受け入れざるを得ない存在なのです．これを「企業は市場価格を受容しなければならないプライス・テイカー（価格受容者）」であるといいます．これを踏まえて完全競争市場の特徴は次のようにまとめられます．

(1) 多数の市場参加者が存在する
(2) 参入，退出が自由である
(3) 企業はプライス・テイカーである

(EX.)　労働者の賃金が上昇すると生産量が減少するのはなぜか？
(ANS.)労働者の賃金が上昇すると，同じ予算で製造する場合，労働者の数を減らさざるを得ないので生産量が減少する．

1-5．　需要の価格弾力性・供給の価格弾力性

塩や砂糖などの生活必需品やガソリンなど代替品のない商品では，価格の変化に対して需要量はそれほど変化しません．これを需要の価格弾力性が小さい又は非弾力的といいます．この場合，需要曲線の傾きは急になります．

他の例を挙げると，トイレットペーパーなどは300円で売られていたものが，400円になったとしても買わざるを得ないので需要の価格弾力性が小さい，つまり非弾力的ということになります．

一方，ダイヤモンドの指輪などの贅沢品（奢侈品）や，バターなど代替財（マーガリン）のある商品では，価格が上昇しても無理に買う必要がないため需要量が大きく減り，価格が下がれば需要量が大きく

伸びるので，これを需要の価格弾力性が大きい又は弾力的といいます．この場合需要曲線の傾きは緩やかになります．

　他の例を挙げると美容院などがあります．値段が上がれば行く回数を減らしたり，より安い美容院に乗り換えたりするでしょう．これなども需要の価格弾力性が大きい，つまり弾力的ということになります．**図6**は縦軸が価格，横軸が数量です．

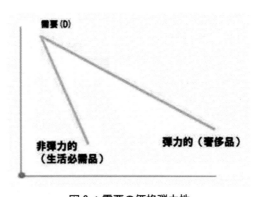

図6：需要の価格弾力性
価格弾力性が大きい（弾力的）・価格弾力性が小さい（非弾力的）

　土地や天然資源，農作物や住宅など短期間に供給量を増減できない商品は，価格が変化しても簡単に供給を変えられません．これを供給の価格弾力性が小さい，または非弾力的といいます．この場合，供給曲線の傾きは大きくなります．

　工業製品などは価格が上がれば供給量を増やし，下がれば減らすことができます．これを供給の価格弾力性が大きい，または弾力的といいます．この場合，供給曲線の傾きは小さくなります．**図7**は縦軸が価格，横軸が数量です．

　以上みてきたように，どのような需要曲線と供給曲線が描かれ，需要と供給のどちらの変動によって価格変動が起こりやすいかは商品によって異なります．

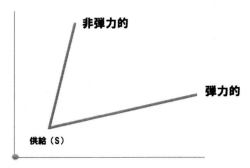

図 7：供給の価格弾力性
価格弾力性が大きい（弾力的）・価格弾力性が小さい（非弾力的）

【需要の価格弾力性の値の計算】

　需要の価格弾力性は数値計算が可能です.

定義式：需要の価格弾力性（絶対値）＝｜需要の変化率／価格の変化率｜

（例）　価格が8000円で需要量が800のある商品が，7200円で需要量が
　　　　1000になったときの需要の価格弾力性を計算せよ.

（解）　価格の変化率＝（7200－8000）/8000＝－0.1,
　　　　需要の変化率＝（1000－800）/800＝0.25
　　　　∴需要の価格弾力性＝｜0.25/－0.1｜＝2.5

需要の価格弾力性＞1 ⇒ 弾力的, 贅沢品, 奢侈品（しゃしひん）
需要の価格弾力性＜1 ⇒ 非弾力品, 必需品

2.5＞1よりこの商品は贅沢品と予測される.

（EX.）　ある商品は価格が80円で需要量が1000であったが，72円で需要量が1050になった
　　　　とき需要の価格弾力性を計算せよ. その結果からこの商品は贅沢品, 必需品のど
　　　　ちらか.

（ANS.）価格の変化率＝（72－80）/80＝－0.1, 需要の変化率＝（1050－1000）/1000＝0.05
　　　　需要の価格弾力性＝｜0.05／－0.1｜＝0.5
　　　　0.5＜1より, この商品は生活必需品である.

1-6. 無差別曲線と効用（満足度）

　無差別曲線とは，効用（満足度）が同じであることを示している曲線のことです．一般的な無差別曲線は，下図のように小学校で学習した直角双曲線です．x軸とy軸は，x財の消費量とy財の消費量を示しています．Uは効用（満足度）を表しています．市場に2種類の財xと財yがあるとします．xをオレンジ，yをリンゴとします．オレンジ1個とリンゴ3個の消費の組合せとオレンジ4個とリンゴ2個の消費の組合せでは，後者の方が効用（満足度）Uが大きいことを示しています．U＝4とU＝6ではU＝6の方が効用（満足度）が大きいということです．また，オレンジ1個とリンゴ3個の組合せとオレンジ3個とリンゴ1個の組合せは，同じ直角双曲線上にあるので効用（満足度）U（＝4）は同じです．オレンジ4個とリンゴ2個の組合せとオレンジ4個とリンゴ2個の組合せは同じ直角双曲線上にあるので効用（満足度）U（＝6）は同じです．つまり1つの無差別曲線上では消費の効用（満足度）がどの点でも同じになります．また無差別曲線は原点から離れれるほど効用（満足度）が大きくなります．

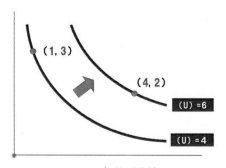

図8：無差別曲線

これまで出てきたグラフは，需要と供給のように縦軸に価格，横軸に量を取るものでしたが，無差別曲線は両軸共に量を取ります．つまり

無差別曲線は 2 つの財の量を表します.

(EX.)　無差別曲線 xy = 25 と無差別曲線 xy = 30 ではどちらが満足度が大きい曲線か.
(ANS.)　xy = 25 を満たす点（5,5）は U = 10.　xy = 30 を満たす点（5,6）は U = 11.　よって
　　　　xy = 30 のほうが満足度が大きい.

1-7.　企業の役割

　企業は, 生産活動を担う経済主体です.　国や地方自治体が資金を出
して運営する企業を公企業といいます.　これに対して個人や私的な団
体が出資し, 事業を通じて得た利益（利潤）を出資者の間で分配する
ことを主な目的にする企業を私企業といいます.　そのうち会社法に基
づいて設立される企業を会社といい, 株式会社, 合名会社, 合資会社,
合同会社の 4 種類があります.

表 2 ：会社の種類と特徴

	株式会社	合同会社	合名会社	合資会社
出資者	有限責任の株主（1 人以上）	全員が有限責任社員（1 人以上）	親族など無限責任社員（1 人以上）	無限責任社員と有限責任社員（各 1 人以上）
資本金	特に規定なし	特に規定なし	特に規定なし	特に規定なし
株の持分譲渡	自由に譲渡できる	社員全員の承諾必要	社員全員の承諾必要	無限責任社員全員の承諾必要
特徴	多数の株式を発行できるため大資本を集めやすい.　大企業に適する	アメリカの会社の形態が手本.ベンチャー企業などに適する	親族による小規模な会社の責任を明確にする	経営者の個性を基礎とする小規模な会社が多い

　上表にある有限責任とは, 会社が倒産したとき, 株主は持ち分の株
式の価値を失うだけですみますが, 無限責任は会社の負債に対して無
限の責任を負うため, 出資額を超えて自分の財産を弁済に充てる必要
があります.

【株式会社の仕組み】

　株式会社は株式を発行し，これによって集めた資本金で設立・運営されます．株式会社は資本主義の発展と企業の大規模化に大きな役割を果たしてきました．株式会社の所有者は株主であり，経営を行うのは株主によって選出された経営者です．つまり会社の所有者と経営者は原則別人です．株主は原則株主総会で1株につき1票の議決権を持ち，取締役や監査役を選出します．取締役は経営者として会社を運営し，事業活動を行って利益を生み出します．このように会社の所有者と経営者が異なることを，所有と経営の分離といいます．所有と経営の分離により，会社の経営者は，経営に関する専門知識を持たない人や小資金しかない人からも広く資金を募ることができるようになっています．

　株式会社が設備投資などの活動を行うには多額の資金を調達する必要があります．資金の調達方法には，利潤を株主に配当せずに資金を蓄積する内部留保や社債や株式の発行があります．社債を発行したり，金融機関から直接借り入れしたりして資金を調達する場合は，将来利子の支払いと元本の返済が必要となります．株式を発行して資金発行して資金調達する場合，出資金を株主に直接返金する必要はなく，配当は利潤があったときにのみ支払われます．代わりに株主は企業の経営に関与できます．企業が内部留保や株式発行によって調達した資金を自己資本，社債発行や金融機関からの借り入れのよって賄った資本を他人資本といいます．また銀行借り入れや株式会社など，企業の外部から資金を調達することを外部金融，内部留保など企業内部から調達することを内部金融といいます．

【現代の企業】

　グローバル化に伴い，現代の企業は世界的な規模で競争力の強化を図ろうとしています．たとえば異なる産業の企業を合併・買収するM＆A（Mergers and Acquisitions）やこれによって多角経営するコングロマリット（複合企業）などがあります．また持株会社による企業

グループの統括支配など，会社組織の変更による合理化や事業のリストラクチャリング（再構築）を進める企業もあります．持株会社とは，株式の保有によって他の企業を支配することが主たる業務である会社であり，戦後の財閥解体の後，財閥の復活を阻止するために独占禁止法第 9 条で禁止されてきました．しかし 1997 年に規制緩和の一環として持株会社が解禁されました．子会社の収支が明確になり，企業の再構築，事業の多角化，新規参入の開拓に役立つといわれています．銀行・証券など再編が進む金融機関に多く利用されています．

【企業の社会的責任（CSR）】

　現代では，様々なハラスメント（人権侵害）防止や消費者保護などの法令遵守（コンプライアンス）の強化，環境保全や省資源・省エネルギー，文化活動の支援（メセナ），社会的な文化活動（フィランソロピー）等を通じて企業の社会的責任（CSR Corporate Social Responsibility）を果たすことが求められています．このほか，出資者や取引先などの利害関係者（ステークホルダー）に対して自社の経営状況や活動内容などを情報開示（ディスクロージャー）し，説明する責任（アカウンタビリティ）も求められています．

　近年では，利潤追求よりも教育や環境，格差是正など，社会貢献に資する事業（ソーシャルビジネス）を起こして社会問題の解決を目指す社会事業家も出てきています．

(EX.) CSR の一環として企業が取り組んでいる課題を挙げよ．
(ANS.) 国連が 2015 年に全世界に求めた 17 目標からなる SDGs（持続可能な開発目標）) 等

1-8．MC 曲線と AVC 曲線

　限界費用（MC：marginal cost）とは，生産量を 1 単位（または 1 個）増やした時の総費用の増加分のことです．限界とは 1 単位（または 1 個）増やした時の収入や費用のことです．

　企業の個別注文に関しては限界の注文で考えるので，1 単位（また

は1個）追加した時に利益があるかどうかを考えます.

　商品を大量生産するには，設備を稼働するための初期投資が必要です．さらに人，原料，作業スペースなどを確保し工場はでき上がります．大量生産により商品1つ当たりのコストを下げることができます.

　仮に1日50個が生産できるラインで1個が100円とします．急に今後100個生産してくれと頼まれたらできるでしょうか？

　当然できません．なぜなら50個しか生産できないからです．2倍の生産数なので，人，原料，作業スペースなど2倍確保しないといけません．固定費も2倍かかります．固定費とは財の生産の有無にかかわらず発生するコストのことで，機械や設備などの資本コストがこれに相当します.

　51個目を作ったとして同じ値段で売ることが出来ますか？

　固定費が2倍かかっているので利益を取らないと赤字になります．そこで1個の商品単価に少し利益を上乗せします.

　今後は1個100円から1個105円になります．なぜなら固定費が2倍かかっているから価格を上げざるを得ないからです.

　つまり大量生産を拡大し続けると，固定費や変動費も拡大するため費用も同時に上がっていきます．変動費は，生産量に応じて変化させることができるコストで，賃金などの労働コストや材料費です.

　図10のグラフはこのような理由で限界費用がU字型となっています．グラフに関しては後で表を見ながら解説します.

【規模の利益】

　規模の利益とは，大量生産することで限界費用の負担を下げることができることです.

　レストランなどは規模の利益が適用されていて，1個1個の注文を1人が作っていては，コストパフォーマンスが非常に悪くなります．つまり料理1つの限界費用が高いので，1個ずつ増やせばコストが悪くなります.

　仮に1人が100人分の料理を作れば1つの料理コストは下がります.

100人に売れば 1 対100となるのでコストパフォーマンスが上昇します.

　一人分の人件費対100人分の収益となるので, 一定までの大量生産は利益が出ます. 食べ放題はこのようにして, コストを下げています. そのため, 豊富な種類ではなく, 範囲が限定されている料理しか出すことができません.

　一定の大量生産までは, 限界費用を下げることができるのです.

限界費用の要点は 2 つ

- 大量生産すれば限界費用は下がるが, 拡大すれば費用が上がっていく.
- 1 つ 1 つの商品を作るとなると限界費用が上がり, 利益が出なくなる.

【限界収入とは】

　生産量を 1 単位（または 1 個）増やしたときの収入の増加分です. 大量生産するために規模を拡大して商品を売っても, 赤字になるような値段では意味がありません. 事業拡大した資金を回収し, かつ利益を上乗せするためには限界費用以上に商品の値段を上げないといけません. 限界収入は限界費用以上の価格に設定しないと利益になりません. 105円以下になると赤字になるのでできません.

　もっと利益を出すために値段を上げることは可能ですが, 市場がその値段で買い取ってくれるどうかは別です.

【可変費用】

　可変費用（Variable Cost：VC）は売上とともに上がる費用のことです. 商品の売上が上がればもっと売ろうとするので, 商品を大量生産するために, 原材料費が増加します. この原材料費です.

【平均費用】

　平均費用（AC：average cost）＝総費用÷生産量で計算できます.

100個作る総費用が100万円とすれば,

平均費用 ＝ 100万円 / 100個 ＝ 1 万円

仮に費用が101個目作ったとき, 総費用が増えて110万円とすると,

平均費用 ＝ 110万円／101 ＝ 1 万891円

これが平均費用です．

別の製品を 2 万個作るのに100万円かかったとすると，

平均費用 ＝ 100万／ 2 万個 ＝ 50円，

3 万個作るのに120万円かかったとすると，

平均費用 ＝ 120万／ 3 万個 ＝ 40円

と生産量を増やせば平均費用は下がっていきますが，ある時点で設備投資により更に生産量を拡大すると総費用が上がるので，平均費用は上がっていきます．

【平均可変費用】

平均可変費用（AVC：average variable cost）＝ 可変費用÷生産量

平均可変費用に関しては，後で表を見ながら詳しく解説します．

表 3 は限界費用が一定の場合を示します．

表 3 ：限界費用一定

生産量 Q (Quantity)	限界費用 MC (Marginal Cost)	可変費用 VC (Variable Cost)	平均可変費用 AVC (Average Variable Cost)
0 単位	－	0 億円①	－
1 単位	10億円②	10億円③	10億円⑧
2 単位	10億円④	20億円⑤	10億円⑨
3 単位	10億円⑥	30億円⑦	10億円⑩

上表において，次式が成立します．

可変費用①＋限界費用②＝可変費用③⇒ 0 億円＋10億円＝10億円

可変費用③＋限界費用④＝可変費用⑤⇒10億円＋10億円＝20億円

可変費用⑤＋限界費用⑥＝可変費用⑦⇒20億円＋10億円＝30億円

また平均可変費用については次式が成立します．

可変費用③÷生産量 1 単位＝平均可変費用⑧⇒10億円÷ 1 ＝10億円

可変費用⑤÷生産量 2 単位＝平均可変費用⑨⇒20億円÷ 2 ＝10億円

可変費用⑦÷生産量 3 単位＝平均可変費用⑩⇒30億円÷ 3 ＝10億円

平均可変費用は10億円のままなので，一定の一直線となります．

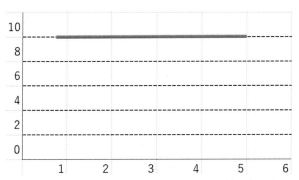

図 9 ：平均可変費用の例　x 軸⇒生産量，y 軸⇒限界費用

次に**表 4**に限界費用が変化する場合を示します．

表 4 ：限界費用変化

生産量 Q（Quantity）	限界費用 MC（Marginal Cost）	可変費用 VC（Variable Cost）	平均可変費用 AVC（Average Variable Cost）
0 単位	－	0億円	－
1 単位	120億円	120億円	120億円
2 単位	90億円	210億円	105億円
3 単位	70億円	280億円	93億円
4 単位	60億円	340億円	85億円
5 単位	70億円	410億円	82億円
6 単位	90億円	500億円	83億円
7 単位	120億円	620億円	89億円
8 単位	160億円	780億円	98億円
9 単位	210億円	990億円	110億円

　生産量 1 ～ 4 までは限界費用が下がっていますが，5 以降は70，90，120と上がっています．

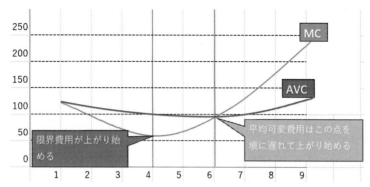

図10：MC曲線，AVC曲線　x軸⇒生産量，y軸⇒限界費用

　限界費用は4つ目を境に上がり始め，平均可変費用は後から遅れて上がり始めるので6つ目で交点ができます．

　MC曲線とAVC曲線の交点は，限界費用が既に上昇しており，加えて平均可変費用も上昇を始める点ですので，利益は見込めませんので，操業停止となります．

(EX.)　限界費用の定義を言え
(ANS.)限生産量を1単位（または1個）増やした時の総費用の増加分

1-9．企業の利潤の最大化

| 公式：限界収入－限界費用＝限界利潤（Mπ：エムパイと読む） |

- 限界費用（MC：marginal cost）＝生産量を1単位（または1個）増やした時の総費用の増加分のことです．限界とは1単位（または1個）増やした時の収入や費用のことです．（再掲）
- 限界収入（MR：marginal Revenue）＝生産量を1単位（または1個）増やしたときの収入の増加分．（再掲）
- 限界利潤（Mπ）＝生産量を1単位（または1個）増したときの利潤

表 5：利潤最大化の表

生産量 Q	限界収入 MR	限界費用 MC	限界利潤 Mπ
0 個	–	–	–
1 個	160円	120	40
2 個	160円	90	70
3 個	160円	70	90
4 個	160円	60	100
5 個	160円	70	90
6 個	160円	90	70
7 個	160円	120	40
8 個	160円	160	0
9 個	160円	210	–50

　生産個数が 8 個になると限界利潤は 0 になりますので 7 個で生産を止めるタイミングとなります．もし 9 個まで生産してしまうと限界利潤が -50 の赤字になります．この表をグラフ化すると次のようになります．

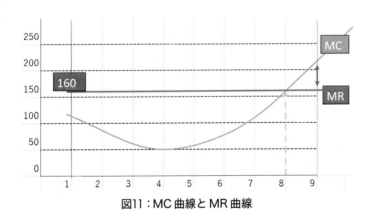

図11：MC 曲線と MR 曲線

【利潤を最大化するには】

　単純化のため限界収入 MR は常に一定の価格で買い取ってくれると仮定します．ここでは市場価格は160円としています．

つまり1～8個までの利益が利潤最大化となります．（y＝160とMC曲線に囲まれた面積）

　最低でも8個で止めないと危険です．8個を過ぎると赤字が拡大し経営が悪化します．

　図を見ると単独で利益最大化する販売個数は4個です．でも止めるわけにはいきません．なぜなら5個6個7個と売れば少なからず利益になるからです．

　8個の時，価格160のラインと限界費用が同じになっているので生産を止めます．このとき，次の式が成立しています．

（重要公式）　限界費用＝限界収入＝価格

　生産数を5個以上に増やせば限界費用は上がりますが，利潤は販売個数8個で最大化するので，8個までは売り続けるのです．

【利潤最大化に対する考え方】

• 限界収入MR＞限界費用MCであれば

　限界利潤はMπはプラスとなり，利潤が増加するので生産続行する．

• 限界収入MR＝限界費用MCであれば

　限界利潤はMπは0となり，利潤は変わらないので生産しなくてもよい．

• 限界収入MR＜限界費用MCであれば

　限界利潤はMπはマイナスとなり，利潤が減少するので生産中止する．

まとめ

　限界とは1単位のこと：1つ追加した単位を限界費用や限界収入といいます．

　限界費用と限界収入が境目：企業は収入より費用が上回るようであれば生産中止の目安となる．このとき，次の関係が成立する．

（重要公式）　限界費用＝限界収入＝価格（既出）

(EX.)　限界費用と限界収入が等しくなるとき，価格はどうなるか

(ANS.) 限界費用＝限界収入＝価格

1-10．生産に関する曲線

　総費用（TC: Total Cost）＝生産にかかる全費用であり，可変費用（VC: Variable Cost）と固定費用（FC: Fixed Cost）の和．つまり，

　総費用(TC)＝可変費用(VC)＋固定費用(FC)

　可変費用(VC)＝生産量に応じて発生する費用．生産量を増やすと原材料が必要となります．よって原材料が可変費用となります．

　固定費用(FC)＝生産量を増やしても減らしても地代・人件費（正社員）は必ず必要です．よって地代・人件費が固定費用となります．

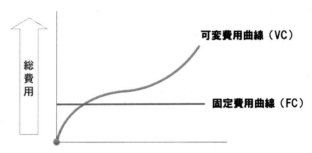

図12：可変費用曲線，固定費用曲線，横軸は生産量

図12の 2 曲線を合成すると総費用曲線図13が得られます．総費用曲線は図13のように逆 S 字曲線になります．

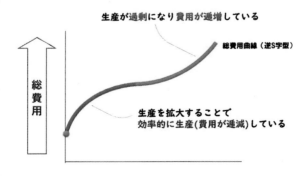

図13：総費用曲線，横軸は生産量

　原点から総費用曲線に引いた直線の傾きが平均費用曲線のy軸の値を示します．平均費用（AC：average cost）＝総費用÷生産量だからです．原点から総費用曲線に引いた直線の傾きの最小値が平均費用曲線の最小値となります（**図14**）．

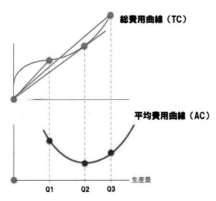

図14：総費用曲線と平均費用曲線の関係

　総費用曲線のy切片から総費用曲線に引いた直線の傾きの値が平均可変費用曲線のy軸の値となります（**図15**）．平均可変費用の値は固定費用を除いているので，総費用曲線のy切片から引いた直線の傾きを考えます．

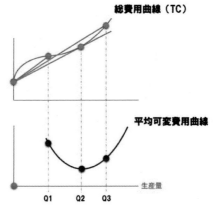

図15：総費用曲線と平均可変費用曲線の関係

　原点から総費用曲線に引いた直線の傾きとy切片から引いた傾きは前者の方が大きいので，**図16**のように平均費用曲線の方が平均可変費用より上に来ます.

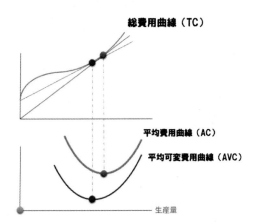

図16：総費用曲線と平均費用曲線，可変費用曲線の関係

【限界費用曲線】

　限界費用（MC：marginal cost）とは，生産量を1単位（または1個）増やした時の総費用の増加分のことです．限界とは1単位（または1個）増やした時の収入や費用のことです.

　総費用曲線の傾きの大きさが限界費用曲線のy軸の大きさとなります．その理由は，本来，総費用曲線のx軸が1増加した時のy軸の増加の大きさが限界費用曲線のy軸の大きさとなります．しかし，総費用曲線のある点において，次式が成立します.

　$\Delta y / 1 = \Delta y / \Delta x\ (\Delta x \rightarrow 0)$

　$\Delta y / \Delta x\ (\Delta x \rightarrow 0)$ は総費用曲線のおけるある点における接線の傾きです．換言すれば微分係数です.

　よって**図17**が成立します.

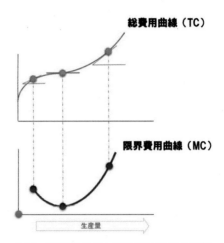

図17：総費用曲線と限界費用曲線の関係

図16，図17の各下側のグラフをまとめて1つのグラフに表すと**図18**になります．

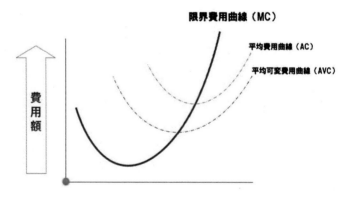

図18：限界費用曲線，平均費用曲線，平均可変費用曲線の関係，横軸は生産量

　限界費用曲線MCと平均可変費用曲線AVCの交点は1-8節の**図10**のMCとAVCの交点にほかなりません．この点は操業停止点でした．この点では価格（販売価格）と限界費用が一致しています．つまりこれ以下の価格で売れば利益は出ません．

　それでは，限界費用曲線と平均費用曲線との交点は何を示すでしょうか．つまり MC と AC の交点です．MC と AC の交点の y の値と MC と AVC の交点の y の値の差は固定費用の差です．

　従って MC と AC の交点の y の値の価格で販売すれば可変費用と固定費用の金額は得ることができます．もちろん利益は出ません．よって MC と AC の交点の交点を損益分岐点といいます．

　まとめれば図19になります．

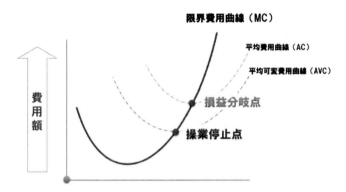

図19：損益分岐点と操業停止点，横軸は生産量

まとめ

①損益分岐点＝MC 曲線と AC 曲線の交点

②操業停止点＝MC 曲線と AVC 曲線の交点

　損益分岐点を下回る価格で売れば赤字になりますが，操業停止点になるまでは企業は営業を続けます．これは企業が赤字になっても固定費用の負担を少しでも減らすことができる限りしばらく営業を続けることを意味しています．

(EX.)　図19において，企業の固定費用費が増加したとき，MC，AC，AVC のグラフはどのように変化するか

(ANS.) MC は 1 単位増産した時の生産費用（可変費用）の増加.
　　　　AVC は可変費用÷生産量．よって MC も AVC も固定費用を含まない．つまりこの 2 曲線は変化しない．しかし AC は（可変費用＋固定費用）÷生産量です．よって分子の固定費用が増加するので AC は上に移動します．

第 2 章

マクロ経済学

2-1. GDP と三面等価の原則

　経済全体の活動水準をはかる指標が GDP（Gross Domestic Product）国内総生産です．一定期間（普通は 1 年）に国内で新たに生産された付加価値の総計です．付加価値とは生産者が生産活動によって作り出した財・サービスの総生産額から生産者が購入した原材料や燃料など中間生産物を差し引いたものです．

　定義 1：GDP＝付加価値の総計

（例）

　ある小人（こびと）の国ではパンだけを生産する次の活動を行います．

① 農家はその年に収穫した小麦の全てを製粉所に売却して200万円を得ました．

② 製粉所はその小麦を使用して小麦粉を生産し，そのすべてを製パン会社に売り，500万円を得ました．

③ 製パン会社はその小麦粉からパンを作り消費者に販売し1000万円を得ました．

　なお，農家は小麦の種を入手するための費用はかからなかったとします．

　ではこの小人の国の GDP はいくらになるでしょうか．

（解）

① 農家は小麦の種は無料で得たので中間生産物投入額は 0 円です．よって，農家の生産した付加価値＝200万円

② 製粉所の総生産額が500万円．中間生産物投入額は小麦を農家か

ら購入した200万円なので，製粉所が生産した付加価値＝500万円
－200万円＝300万円

③ 製パン会社の総生産額が1000万円．中間生産物投入額は小麦粉を
製粉所から購入した500万円なので，製パン会社が生産した付加
価値＝1000万円－500万円＝500万円

∴この国の付加価値の合計＝GDP＝200万円＋300万円＋500万円＝
1000万円

定義2：GDP＝総生産額－中間生産物投入額

上の定義に従えば，

GDP＝200万円＋500万円＋1000万円－（200万円＋500万円）＝1000万円

つまり，定義1で計算しても定義2で計算しても当然結果は同じに
なります．

定義3：GDP＝最終生産物の価値の合計

この場合はパンが最終生産物ですので，その時の価値は1000万円だ
ということです．この値は，定義1，定義2の値と一致しています．

【三面等価の原則】

総生産＝総所得＝総支出

総生産＝総支出の理由：「生産されたモノは必ず誰かが買う」ことが
原則です．先程の小人の国の例では，製造されたパンは全て消費者が
購入すると考えます．つまり最終生産物である製パン会社の生産物の
価値1000万円は，消費者の購入総額（つまり支出）1000万円に等しい
わけです．

総生産＝総所得の理由：「生み出された付加価値は必ず誰かの所得に
なる」ことが原則です．先程の小人の国の例で，製パン会社の付加価
値の500万円はどこにいくでしょうか．パン工場で働く労働者の賃金に
なります．また製パン会社の営業利益にもなります．さらに工場の地
代や賃貸料として，土地不動産の所有者の所得になります．製粉所の
付加価値300万円も同様です．農家の付加価値200万円も農家の所得に
なります．つまり付加価値の合計1000万円は全て所得の合計1000万円

に等しくなっています.

【総支出の中身】

　総支出(Y)(＝総生産)は**表6**のように次の4項目からなります.「消費（C)」「投資（I)」「政府支出（G)」「純輸出（NX)」です.政府支出の中身は後述しますが,政府が行う消費支出と投資支出です.これらと区別するために**表6**では（民間）消費,（民間）投資とカッコの中に民間を入れています.

表6：総生産＝総支出とその内訳

	英語表記	記号
総生産＝総支出＝（総所得）	GDP＝Aggregate Expenditure＝(Total Income)	Y
（民間）消費	(Private) Consumption	C
（民間）投資	(Private) Investment	I
政府支出	Government Expenditure	G
純輸出	Net Export	NX

　総支出を式で表示すると下式です.

重要公式：(GDP)Y＝C＋I＋G＋NX………(2-1-1)式

　この式は暗記して下さい.ではそれぞれの内容を詳述します.

「消費（C)」

　消費（C)とは家計による財・サービスの購入のことです.ただし住宅購入は除きます.家計によって消費される財の例としては,食料品,衣料品,家電製品,新品の自家用車購入などが挙げられます.家計によるサービス購入の例としては,理髪店,ヘアーサロン,宅配便,鉄道,ホテル,レストランなどの消費,賃貸アパートや賃貸マンションの家賃が含まれます.

「投資（I)」

　投資は,**固定投資**と**在庫投資**に分かれます.固定投資はさらに**設備投資**と**住宅投資**に分かれます.設備投資と在庫投資が企業の支出行動

であるのに対して住宅投資は家計による支出です．設備投資とは企業が新品の生産設備を購入することです．生産設備としては工場やオフィスで使われている機械や工場やオフィスの建物そのものを挙げることができます．住宅投資とは家計が新築の住宅を購入することです．主にその住宅の建設にかかる工事費が計上されます．

　在庫投資とは在庫品の増減のことです．もし昨年の暮れから今年末にかけて倉庫に保管されている在庫品の数が増えていれば，企業はプラスの在庫投資をしたことになります．減っていればマイナスの在庫投資をしたことになります．注意点は土地を購入した場合，土地は昔からあるもので，今年新たに生産された財ではありませんから，それに対してお金を支払ったとしても GDP 統計に変化は生じません．

「政府支出（G）」

　政府支出は政府が財・サービスを購入することです．その中身は**政府消費**と**公的投資**に分かれます．

　政府消費は政府が行う消費支出のことで，例えば政府が民間に無償で提供するサービスが挙げられます．具体的にいえば医療費や介護費のうちの保険給付分，警察や防衛等への支出が挙げられます．これらは「市場で取引される財・サービス」を対象とするという GDP 統計の原則からは外れるのですが，政府が自分自身からサービスを購入して国民に提供したという考えで GDP 統計に含めています．**公的投資とはいわゆる公共投資のこと**で，政府が道路・橋・ダムなどを作ることです．一方で政府支出に入らないものも多くあります．年金や失業保険などがあります．政府がこれらに支払いを行う瞬間を考えると新たに生産された財・サービスの消費は生じていません．お金が右から左に流れているだけです．従ってこれらの支払いは政府支出に含まれません．以上から，政府支出 G は政府消費を Gc，公的投資を Gi と書くと次式が成立します．

G＝Gc＋Gi

「純輸出（NX）」

　純輸出とは輸出（Export）から輸入（Import）を差し引いたものです．輸出を EX，輸入を IM で表すと次式が成立します．

NX＝EX-IM

重要公式：(GDP)Y＝C＋I＋G＋NX⇒Y＝C＋I＋G＋(EX-IM)………(2-1-2)式

において，総支出 Y が輸出 EX を含むのは，日本で生産された輸出品は国内生産であるからです．国内で日本人が購入しても外国で外国人が購入してもその財は国内生産です．輸入 IM が差し引かれるのは，輸入品は国内生産ではないからです．

(EX.)　消費税を上げると GDP が減少するのはなぜか．
(ANS)（GDP）Y＝C＋I＋G＋NX において民間消費 C が減少するから．

2-2．経済成長と景気変動

　その年の物価で示した額面通りの GDP を名目 GDP といい，物価変動の影響を除いた GDP を実質 GDP といいます．GDP の増加を実質経済成長，その増加率を経済成長率といいます．経済の実態に即した経済成長を測る指標としては物価の変動を除いた実質経済成長が使用されます．次の公式は，実質 GDP を使うと実質経済成長になり，名目 GDP を使うと名目経済成長となります．

公式：経済成長率(%)＝(その年の GDP-前年の GDP)×100÷前年の GDP………(2-2-1)式

経済全体の物価動向は，GDP デフレーターで表されます．

公式：GDP デフレーター＝名目 GDP÷実質 GDP………(2-2-2)式

(EX.)　実質 GDP が500兆円，名目 GDP が250兆円のとき，GDP デフレーターはいくらか．
(ANS.) GDP デフレーター＝名目 GDP÷実質 GDP＝250÷500＝0.5　よってデフレ（物価下落）が起こっていることがわかる．

【景気変動】

　経済は常に成長するわけではなく，実際には経済成長率がプラスになったりマイナスになったりしながら好況，不況を繰り返しながら長期的にはGDPが増加していきます．このようにある一定の周期でGDPや国民所得が増減を繰り返していくことを景気変動といいます．

(EX.)　景気は，不況→回復→好況→後退，と変動する．次の文の下線部を訂正せよ．
　　「景気回復期には物価は下降し，好況期に物価は最低となる．」
(ANS.)景気回復期には需要が回復するので物価は上昇する．需要と供給で需要の方が多くなれば価格が上がることを思い出そう．好況期で景気が山の時は物価がピークとなる．

【ディマンド・プル・インフレ】

　需要の増大を受けて物価が上がる場合をディマンド・プル・インフレといいます．ミクロ経済では，需要と供給において，需要が多い時に価格が上昇します．マクロ経済では国ベースで考えて，総需要・総供給というように考えます．つまり，総需要が大きいときに物価が上昇する現象をディマンド・プル・インフレといいます．

　三面等価の原則，総生産（GDP）＝総所得＝総支出，において，需要があるので支出が生じると考えて，総支出＝総需要と考えるのがマクロ経済です．この話は2-5節で詳説します．

∴総生産（GDP）＝総所得＝総支出＝総需要

が成立します．

重要公式：(GDP)Y＝C＋I＋G＋NX ⇒ Y＝C＋I＋G＋(EX-IM)………(2-1-2)式

を書き直すと次式が成立します．

総需要＝総所得＝(GDP)Y＝C＋I＋G＋NX＝C＋I＋G＋(EX-IM)………(2-2-3)式

よって，総需要の増大で生じるディマンド・プル・インフレはC＋I＋G＋(EX-IM)の構成要素のどれか，あるいは複数の増加によって生じます．

インフレでは貨幣価値は低下します.

【コスト・プッシュ・インフレ】

　需要の増大ではなく，**費用の増加で物価が上がる場合がコスト・プッシュ・インフレです**. 日本では1974年中東戦争が勃発し，石油の輸入が困難になり，各企業が製品価格を大幅に値上げせざるを得ませんでした. また輸入食料品の値段が上昇し物価が上昇するなどもコスト・プッシュ・インフレの例です.

【デフレとデフレ・スパイラル】

　インフレとは逆に，**物価が持続的に低下する現象がデフレです**. デフレが発生するのは不況の時です. デフレでは貨幣価値は高まりますが，世の中にお金が回らないために経済活動が停滞して不況になります. 物価の低下によりはじめは消費が増えますが企業の利益は低下します. これは価格が低下した分，売り上げ（価格×数量）が伸び悩むからです. 企業は生産を縮小させ，雇用もカットしていきます. 労働者の所得も減少し，消費が伸び悩みます. ますます企業の利益が低下するので更なる生産縮小，雇用カットが行われるという負のスパイラルが発生します. このように**物価の低下と景気の悪化が連鎖することをデフレ・スパイラルといいます**.

(EX.)　次の記述の間違いを指摘せよ.「原料の価格が上昇したり，賃金が上昇したりして商品を生産するための費用が増大するとデフレが起きる」

(ANS.)「費用が増大」とあるのでデフレではなくコスト・プッシュ・インフレである.

2-3. 財政政策と金融政策

　財政政策とは政府が景気調整を目的に政府が公的投資（公共投資）を増減させたり，税金を増減させることです. すなわち，

重要公式　　総需要＝総所得＝(GDP)Y＝C＋I＋G＋NX＝C＋I＋G＋(EX-IM) ………(2-2-3)式

においてGの中の公的投資（公共投資）を増減することと，この式に

は直接出ていませんが税金を増減させることです．不況の時には減税
することにより上式のＣ（消費）とＩ（投資）が増加します．よって
総所得が増加し景気が好転します．Ｇを増加することによっても同様
です．逆に景気が過熱した時には増税し公共投資を抑制します．

表7：財政政策

財政政策	租税	公的投資（公共投資）
不況（デフレ対策）	減税	増加
景気の過熱（インフレ対策）	増税	抑制

【日銀による金融政策】

　金融政策とは中央銀行である日銀が金利水準や貨幣供給量（マネー
サプライ）を変動させることで，景気を調整させようとする経済政策
のことです．不況時には，日銀は金利を引き下げてマネーサプライを
増加させます．金利の引き下げによって，企業は銀行から低い金利で
お金を借りることができるようになります．これは銀行から見れば，
貸し出しの増加（マネーサプライ）を意味します．その結果企業の設
備投資Ｉが増加し，GDPと総所得が増加し経営が回復します．逆に景
気が過熱している時のインフレ対策としては金利を引き上げて貸し出
しを減らします．その結果，企業の設備投資Ｉが抑制されます．

表8：金融政策

金融政策	金利	マネーサプライ
不況（デフレ対策）	引き下げ	増加
景気の過熱（インフレ対策）	引き上げ	抑制

(EX.)　次のデフレ対策の次文の誤りを指摘せよ．「金利を引き上げて貸し出しを減らし
　　　企業の投資を増やす．減税して消費を増やす．公的投資を拡大する．いずれも総
　　　所得が増えデフレが解消する．」
(ANS.)　金利を引き上げて貸し出しを減らし⇒金利を引き下げて貸し出しを増やす．

2-4. 日銀による経済政策

公定歩合とは，日銀が民間銀行に資金を貸し出す際の金利のことです．2006年8月から，公定歩合は「基準貸付利率」と名称変更されました．基準貸付利率操作とは日銀が基準貸付利率の利率を操作することです．基準貸付利率を下げると次のような現象が起きます．

① 基準貸付利率の引き下げで日銀から民間銀行へ貨幣を貸し出す際の利率低下

↓

② 民間銀行はより多くの貨幣を日銀から借り入れて企業への貸し出しを増やす

↓

③ マネーサプライの増加

逆に基準貸付利率を上げると次のような現象が起きます．

④ 基準貸付利率の引き上げで日銀から民間銀行へ貨幣を貸し出す際の利率上昇

↓

② 民間銀行はより少なく貨幣を日銀から借り入れて企業への貸し出しを減らす

↓

③ マネーサプライの減少

表9：日銀の基準貸付利率

不況期	好況期
日銀は基準貸付利率引き下げ	日銀は基準貸付利率引き上げ
マネーサプライ増加	マネーサプライ減少

民間銀行は，日銀に日銀当座預金を預けることを義務づけられています．民間銀行は時期によって預金総額の0.05%～1.3%を日銀に預けなければなりません．この割合を支払準備率（法定準備率）といいま

す．支払準備率を下げると日銀に預ける預金量が少なくなるので，民間銀行はそれだけ企業に貸し出す資金が増加します．つまりマネーサプライが増加します．

銀行が100億円の預金を受け入れたとき，支払準備率が1.3%であれば1.3億円を日銀当座預金に預けます．残り98.7億円を貸し出しに回せます．しかし支払準備率が0.05%に引き下げられれば，500万円の準備金で済むので99.95億円を貸し出しに回せます．つまりマネーサプライは1.25億円の増加です．

表10：日銀の支払準備率（法定準備率）

不況期	好況期
日銀は支払準備率を引き下げ	日銀は支払準備率を引き上げ
マネーサプライ増加	マネーサプライ減少

公開市場操作は，国債を利用して貨幣量をコントロールする方法です．市中で取引される国債を日銀が購入することを買いオペといいます．日銀は民間銀行から国債を購入します．その代金を日銀が民間銀行に支払うことによって民間銀行が保有する貨幣が増加します．その結果，銀行は企業への貸し出しを増加するのでマネーサプライは増加します．

このように買いオペは不況時に景気を刺激するために日銀が行う金融政策の一つです．

逆に，日銀が保有している債権を民間銀行に売却することを売りオペといいます．民間銀行は購入した国債の代金を日銀に払うために銀行が保有する貨幣は減少します．つまり銀行には貨幣の代わりに国債が増加することになり，その分，企業への貸し出しは落ち込み，マネーサプライは減少します．

表11：日銀の不況時，好況時の金融政策

	不況（デフレ）時	好況（インフレ）時
	金融緩和政策	金融引締め政策
基準貸付利率政策	引き下げ	引き上げ
支払準備率操作	引き下げ	引き上げ
公開市場操作	買いオペ	売りオペ
国民所得	増大	減少

(EX.) 次の文の括弧に適語を入れよ．「中央銀行が基準貸付利率を変更すると，民間銀行の貸し出し金利や預金金利が連動する．景気の回復を図るときは，中央銀行は基準貸付利率を（ ア ），景気が過熱した時は，基準貸付利率を（ イ ），金利水準を（ ウ ）させようとする．
(ANS.) ア…引き下げ　イ…引き上げ　ウ…高く

2-5．ケインズ型消費関数

【可処分所得】

　会社勤めのサラリーマンはその会社から賃金という形で所得を得ています．ここで考えるのは家計部門全体としての所得（税引き前）です．三面等価の原則より国全体で１年間に生じた所得，つまり総所得はその年の総生産に等しくなります．つまり家計部門全体の合計所得は総生産Ｙになるのです．さらに租税（Tax）をＴであらわすと，家計部門全体の可処分所得（自由に使える所得）はY-Tとなります．

【ケインズ型消費関数】

　可処分所得と消費需要の関係式を表したものがケインズ型消費関数です．次式で表されます．

$C = c(Y-T) + Co$ ……… (2-5-1) 式
Yは総生産，Tは租税，$0 < c < 1$，$Co > 0$

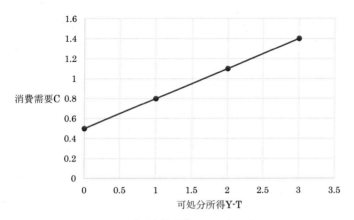

図20：ケインズ型消費関数 C＝c (Y–T)＋Co,
x軸は可処分所得Y-T，y軸は消費需要C, y切片はCo

図20では c＝0.3，Co＝0.5の場合です．y 切片の Co は「**基礎消費**」と呼ばれ，生きていくために必要な最小の消費です．

【限界消費性向】

　ケインズ型消費関数の小文字の c は，**図20**のグラフの傾きであり，限界消費性向といいます．言葉で言うと次のようになります．

可処分所得（Y–T）が１単位増加すると，消費需要Cが何単位増加するか

C が１より小さい値を取るのは，人は可処分所得が増えても全て消費に回すわけではなく一部は貯蓄等をするということです．

【消費需要と消費支出の違い】

　「需要とは商品に対する購買力の裏付けのある欲望」が広辞苑的解釈です．支出はその商品を実際に購買してお金を支出することです．しかしマクロ経済では欲望が実際に全て具現化してお金を支出すると考えます．つまり，

需要＝支出　が成立します．GDP＝総生産＝総支出＝Y＝C＋I＋G＋NX において，

D＝Y………(2-5-2)式　であるので，総支出（Y）を総需要（D：Demand）に置き換えると

D＝C＋I＋G＋NX　が成立します．この式にケインズ型消費関数を代入すると，

D＝c(Y-T)＋Co＋I＋G＋NX ……… (2-5-3)式

(2-5-3)式の右辺を展開し，Yを含まない項を括弧でくくります．

D＝cY＋(-cT＋Co＋I＋G＋NX) ……… (2-5-4)式

ここで，縦軸を総需要D，横軸を総生産Yとして(2-5-2)式と(2-5-4)式のグラフを書いてみます．ここで(2-5-4)式の傾きc(限界消費性向)を0.5，(2-5-4)式のy切片(-cT＋Co＋I＋G＋NX)を1.0とします．次式が得られます．

D＝0.5Y＋1 ……… (2-5-5)式

(2-5-2)式と(2-5-5)式を以下にグラフ化します．

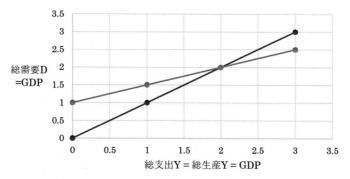

図21：GDPを求めるグラフ

(2-5-2)式と(2-5-5)式が共に成立する交点がGDPとなります．この場合，交点の縦軸Dの値と横軸Yの値は等しくなります．この場合交点の値は両軸共に2であり，この値がGDP値となります．

(EX.)　総需要と総支出がなぜGDPに等しいのか
(ANS.) マクロでは総需要＝総支出．三面等価の原則より総支出＝総生産（GDP）．
∴総需要＝総支出＝総生産（GDP）

2-6．グラフで読み解く財政政策

　政府が政府支出（G）を増減させたり，租税（T）を増減したりする政策を財政政策といいます．前項で出た重要式を再掲します．

D＝Y………(2-5-2)式

D＝cY＋(-cT＋Co＋I＋G＋NX)………(2-5-4)式

政府支出Gは(2-5-4)式の右辺にあります．Gが増えると(2-5-4)式のy切片が増加することを意味します．GがG$_0$からG$_1$に1増加したときの2直線を示します．GがG$_0$のときのY切片1，G$_1$のときのY切片2が下の2つのグラフです．

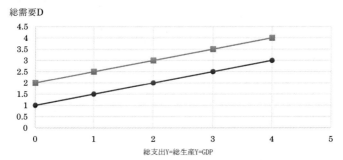

図22：政府支出Gが総需要Dを増加させるグラフ

このグラフにさらにD＝Yを書き込むと**図23**のグラフが得られます．

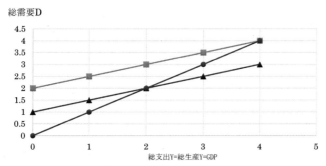

図23：政府支出Gが総需要Dを増加させるグラフ

　政府支出Gが1増加することによって，(2-5-4)式のグラフが上に1移動します．(2-5-4)式と(2-5-2)式の交点がGDPでした．よって**図23**でGDPは点 (2,2) から点 (4,4) に移動します．横軸（GDP）は4-2＝2増加しています．つまり政府支出Gが1増えることによって，GDPは2増加しています．この増加分2は，計算上，1/(1-c) で表されます．cはグラフの傾きで限界消費性向です．**図23**のグラフの傾きはc＝0.5ですので，1/(1-0.5)＝2．この1/(1-c) を「政府支出乗数」といいます．このように政府支出が1単位増加するごとにGDPがそれよりも大きく増加することを財政の「乗数効果」と呼びます．

【I（（民間）投資），NX（純輸出）の増加も GDP を増加させる】

　I（（民間）投資），NX（純輸出)の増加も**図23**と同じグラフになります．
D＝cY＋(-cT＋Co＋I＋G＋NX) ………(2-5-4)式
2-5-4式を見ると，IまたはNXが1単位増加したときDは1単位増加しますが，これはGが1単位が増加したときDが1単位増加するのと同じだからです．

【減税乗数】

　2-5-4式を見ると，T(租税)が1単位減少すると，Dは-c×(-1)＝c増加します．はじめ式のy切片を1とします．つまり(-cT＋Co＋I＋G＋NX)＝1．ここでTが1減少すると，y切片は-c×(-1)＝c増加することになります．ここでc＝0.5の場合を考えると，元のグラフとTが1減少したときのグラフとGDPを決定するD＝Yのグラフを書き入れると**図24**の3つのグラフが得られます．

　租税Tを1減税することにより，はじめのGDP (2,2) が (3,3) に増加しています．**図23**と**図24**の傾きc（限界消費性向）は同じですが，Gの増加とTの減税は共に1であるに関わらず，**図23**ではGDPの増加は2で，**図24**では1です．c＝0.5においては，政府支出Gの効果が減税Tの効果よりも大きいことを意味しています．計算上Tの1単位減税でGDPはc/(1-c) 単位増加します．この式を「減税乗数」といいます．**図24**では，c＝0.5であるのでこれを減税乗数に代入すると1と

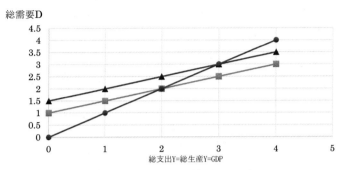

図24：減税 –T が GDP を増加させるグラフ

なります.

　政府支出乗数 1/(1-c) と減税乗数 c/(1-c) の大きさを比較します.

1/(1-c)＞c/(1-c)………(2-5-5)式

両辺に (1-c)²を掛けると,

1-c＞c(1-c) となり,展開して整理すると, (c-1)²＞0

つまり (2-5-5)式は常に成立していることがわかります.

∴政府支出乗数＞減税乗数 が常に成立します.

これは,政府支出の効果が減税の効果よりは GDP 増加により多く寄与するということです.

(EX.)　政府支出の効果が減税よりも GDP の引き上げに寄与する. つまり総所得の引き上げに寄与し景気をよくするが,具体的には政府支出とは何か.

(ANS.) 政府支出は政府が財・サービスを購入することである. その中身は**政府消費**と公**的投資**に分かれる. 政府消費は政府が行う消費支出のことで,例えば政府が民間に無償で提供するサービスが挙げられる. 具体的にいえば医療費や介護費のうちの保険給付分,警察や防衛等への支出が挙げられる. **公的投資とはいわゆる公共投資**のことで,政府が道路・橋・ダムなどを作ることである. 以上は,2-1項の**【政府支出G】**で既に学習している. この (EX.)でいう政府支出は主に公共投資,換言すれば公共事業を意味している.

2-7．インフレギャップとデフレギャップ

　ケインズが理想とした国民所得水準はインフレにもデフレにもならず，働きたい人がみんな仕事に就ける完全雇用が達成される国民所得水準であり，これを**完全雇用国民所得**といいます．**図23**と同形のグラフを再掲します．

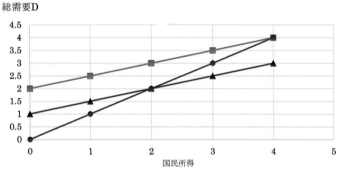

図25：デフレギャップグラフ

図23の横軸は GDP ですが，三面等価の原則より GDP＝総所得ですので，**図25**の横軸は総所得＝国民所得としています．▲グラフがデフレ状態の総需要曲線，■グラフを完全雇用国民所得が達成したときの理想的な総需要曲線です．●グラフは Y＝D（総支出（Y），総需要（D：Demand））でしたが，総需要は総供給に等しいので，●グラフは総供給直線です．理想的な総需要は点（4,4）です．しかしデフレ状態にある現状の総需要は点（2,2）です．（2,2）から生産を増やしても（4,3）にしかなりません．つまり理想状態の需要になるには，（4,4）と（4,3）のｙ軸の値の差の1だけ需要が増える必要があります．この差をデフレギャップといいます．

　換言すればデフレギャップとは完全雇用国民所得を達成するために増加させねばならない総需要（総支出）の大きさです．

　デフレギャップを埋めるためには，▲グラフのy切片を１上げると
■グラフになるので，

D＝cY＋(−cT＋Co＋I＋G＋NX)………(2-5-4)式

(2-5-4)式のy切片（−cT＋Co＋I＋G＋NX）増加させればよいことに
なります．つまりT（租税）を減らし，I（投資）やG（政府支出）や
NX（純輸出）を増やせばよいことになります．

　次にインフレギャップを考えます．図24と同形のグラフで考えます．
▲グラフがインフレ状態の総需要曲線，■グラフを完全雇用国民所得
が達成したときの理想的な総需要曲線です．●グラフは総供給直線で
す．理想的な総需要は点(2,2)です．しかしインフレ状態にある現状
の総需要は点(3,3)です．このまま生産を減らしても(2,2.5)にな
るだけです，つまり理想状態の需要になるには，(2,2.5)と(2,2)の
y軸の値の差の0.5だけ需要を減らす必要があります．この差をインフ
レギャップといいます．

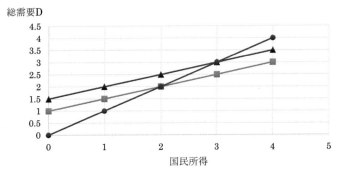

図26：インフレギャップグラフ

インフレギャップを埋めるためには，▲グラフのy切片を0.5下げると
■グラフになるので，

D＝cY＋(−cT＋Co＋I＋G＋NX)………(2-5-4)式

(2-5-4)式のy切片（−cT＋Co＋I＋G＋NX）を減少させればよいこと
になります．つまりT（租税）を増やし，I（投資）やG（政府支出）や

NX（純輸出）を減らせばよいことになります．

(EX.)　図26で▲グラフが完全雇用国民所得を達成したときの理想的な総需要曲線，■グ
ラフを現状の総需要曲線，●グラフを総供給直線とする．理想的な総需要は点
(3,3) である．現状の総需要点はどこか？

(ANS.) 現状の総需要点は (2,2)．このまま生産を続けても (3,2.5) にしかならない．
(3,3) と (3,2.5) のy軸の差0.5をデフレキャップという．

2-8．IS曲線

2-5で限界消費性向cを学びました．cの定義を再掲します．

可処分所得(Y-T)が1単位増加すると,消費需要Cが何単位増加するか

たとえば所得が10万円増加して消費が8万円増加すれば，限界消費性
向は0.8となります．残りの2万円は貯蓄に回ることになります．ここ
から所得が1単位増加すれば貯蓄Sがどれだけ増えるかを示す**限界貯
蓄性向s**が導けます．この場合限界貯蓄性向は0.2です．また，c＋s＝
1が成立しています．

2-1節以降で何回も出てきた重要式

公式：(GDP)Y＝C＋I＋G＋NX

Yはマクロ経済ではGDP（総生産）＝総支出＝総需要＝総所得です．

いま，Yを総所得と考えると（Y-T）は可処分所得であり，消費Cを
可処分所得（Y-T）で割った値は可処分所得全体のうちどれだけ消費
に費やしたかを表す値で平均消費性向といいます．

公式：平均消費性向＝消費C／可処分所得（Y-T）

(EX.)　次の文の括弧に適語を入れよ．「消費額は所得が増加すると（　ア　）．また，所
得Yが増加するとCとTが一定なら，平均消費性向は（　イ　）．限界消費性向
c（　ウ　）．

(ANS.) ア…増加する　イ…減少する　ウ…一定である
所得が増加すると消費は増える．公式：平均消費性向＝消費C／可処分所得
（Y-T）より，Y-Tが増加すればCとTが一定ならば，平均消費性向は減少する．
限界消費性向cは0＜c＜1を満たす定数であり所得には無関係で一定である．

【IS 曲線】

　ミクロ経済では，消費者は所得 Y を得れば，消費 C と貯蓄 S（Saving）と税金 T（Tax）に使います．この関係をマクロにも応用します．次式です．

総所得 Y＝C（消費）＋S（貯蓄）＋T（租税）………(2-8-1)式

既出式：(GDP) Y（総需要）＝C（消費）＋I（投資）＋G（政府支出）＋NX（輸出）から国内だけを考えて輸出を除くと次式が得られます．

(GDP) Y（総需要）＝C（消費）＋I（投資）＋G（政府支出）………(2-8-2)式

総所得と総需要は等しいので，(2-8-1)式＝(2-8-2) 式が成立．故に，

C（消費）＋S（貯蓄）＋T（租税）＝C（消費）＋I（投資）＋G（政府支出）………(2-8-3)式

ここで，T（租税）が全て G（政府支出）に使われると考えます．

T（租税）＝G（政府支出）及び C（消費）を(2-8-3)式の両辺から引くと，

S（貯蓄）＝I（投資）………(2-8-4)式

が成立します．つまり，IS 曲線上においては，財市場（商品市場）が均衡し投資 I と貯蓄 S が等しくなっています．IS 曲線は，縦軸に利子率，横軸に国民所得を取ります．

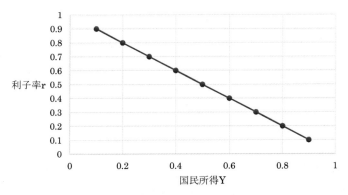

図27：IS 曲線

　私たちは貯蓄のために銀行に預金します．銀行はその預金を企業に貸し出します．企業は借りた金を生産機械等に投資します．つまり(2-8-4)式が成立します．

　IS曲線が右下がりになる理由を説明します．IS曲線上の均衡点(0.2, 0.8)から利子率rが低下すると企業は銀行からお金を借りて投資にお金を回そうとします．このとき財市場はIS曲線からはずれて(0.2, 0.7)に移動します．これを均衡状態に戻すために，財市場はIS曲線上の(0.3, 0.7)に移動します．つまり国民所得は0.2から0.3に増加します．利子率が下がれば企業の投資が増えますが，(2-8-4)式から投資Iが増えれば国民の貯蓄Sが増加しなければなりません．国民の貯蓄Sが増加するためには，国民所得Yが増える必要があります．従ってIS曲線は右下がりにならざるを得ません．

Y（総所得）＝C（消費）＋I（投資）＋G（政府支出）＋NX（純輸出）から考えても，I（投資）が増えればY（総所得）＝国民所得が増えます．

(EX.)　次の文の括弧を埋めよ．「IS曲線は生産物市場（財市場）の均衡を維持することのできる利子率と国民所得の組合せを示すものである．総需要が消費と投資のみで成立しているとすると，利子率が低下した場合，（　ア　）が増加する．一方需給が均衡するには（　ア　）と量的に等しい（　イ　）も増加しなければならない．従って利子率が低下した場合，国民所得は（　ウ　）する．

(ANS.)　ア…投資　イ…貯蓄　ウ…増加

【財政政策とIS曲線の関係】

　不況時の財政政策として政府支出Gの公的投資（公共事業）を拡大させたり，減税を実施したりするとIS曲線は右にシフトします．理由は簡単です．

D＝cY＋(-cT+Co+I+G+NX)………(2-5-4)式

Dは総需要ですが，マクロ経済では，

GDP（総生産）＝総支出＝総需要＝総所得より，

Dを総所得（国民所得）とみると，(2-5-4)式のy切片の一部であるGや -cT（減税ではTが負）が増加するので国民所得が必然的に増加し

ます．よって縦軸の利子率 r＝一定で，横軸の国民所得 Y は増加するのでグラフは右にシフトします．

　逆にインフレでは G を減少させ増税することにより，国民所得を減少させます．よって IS 曲線は左にシフトします．

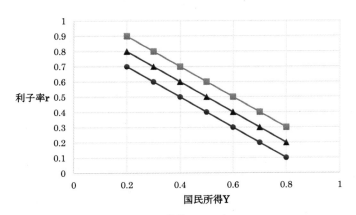

図28：IS 曲線のシフト

政府支出の増加，減税により**図28**の▲グラフが右にシフトして■グラフに移動．国民所得増加．

政府支出の減少，増税により**図28**の▲グラフが左にシフトして●グラフに移動．国民所得減少．

(EX.)　消費税率を上げると IS グラフはどちらに移動するか．また国民所得は増えるか又は減るか．

(ANS.)　増税になるので IS 曲線は左にシフトする．国民所得は減少する．GDP は減少し，国民は貧困化する．

2-9．LM 曲線

　LM 曲線とは，貨幣市場の需要と供給を均衡させる国民所得と利子率の組み合わせを示した曲線です．つまり LM 曲線上では貨幣需要＝貨幣供給が成立しています．貨幣需要を L（Liquidity Preference（直訳

で流動性選好）貨幣は財や株式・国債といつでも交換できるから，流動性が高い）で示すします．貨幣供給はM（Money supply，マネーサプライ）で示します．

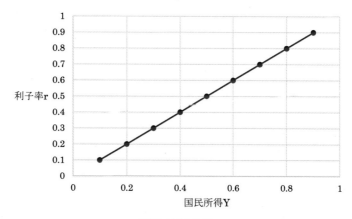

図29：LM 曲線

　LM 曲線が右上がりの理由を説明します．上図の均衡点（0.2,0.2）から利子率が0.3に上昇したとします．つまり点（0.2,0.3）に移動します．利子率が上昇するとは国債の利子率がまず上がります．つまり国債の需要が高まり，貨幣の需要が減ることになります．これを貨幣の投機的需要が減るといいます．つまり民間銀行が国債を購入し，国債より低い利子率で企業や個人に資金を貸し出し，その利ザヤを民間銀行が稼ぐので，国債の利子率＞民間銀行の利子率となります．国債の利子率よりも民間の利子率が低いので，民間企業への貸し出しが増え，企業の投資が増えます．次に点（0.2,0.3）がグラフ上の均衡点（0.3,0.3）に戻るには国民所得が0.3-0.2＝0.1増加する必要があります．企業の投資が増えれば，国民所得が増えます．LM 曲線上の（0.3,0.3）に戻ります．従ってLM 曲線は右上がりになります．

【金融政策とLM 曲線の関係】

　2-4節で学習したように，不況時では日銀は金融政策として基準貸

付利率の引き下げや支払準備率の引き下げ，さらに買いオペによって
貨幣供給（マネーサプライ）を増加させます．必然的に国民所得は増
加します．逆にインフレ時では日銀は金融政策として基準貸付利率の
引き上げや支払準備率を引き上げ，さらに売りオペによって貨幣供給
（マネーサプライ）を減少させます．必然的に国民所得は減少します．

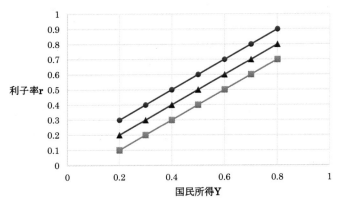

図30：貨幣供給とLM曲線のシフト

　図30で説明すると，日銀は不況のデフレ時，基準貸付利率の引き下
げや支払準備率を引き下げ，さらに買いオペによって貨幣供給（マネ
ーサプライ）を増加させ，図30の▲グラフが右にシフトして■グラフ
に移動．国民所得増加．不況脱出．

　好況のインフレ時では，基準貸付利率の引き上げや支払準備率を引
き上げ，さらに売りオペによって貨幣供給（マネーサプライ）を減少
させ，図27の▲グラフが左にシフトして●グラフに移動．国民所得減
少．インフレ脱出．

(EX.)　次の文の括弧に適語を入れよ．「日銀が基準貸付利率を下げると民間銀行の貸出
　　　金利が下がり，民間投資が（　ア　）し，国民所得も（　イ　）する．このとき
　　　LM曲線は（　ウ　）方向にシフトする．
(ANS.)　ア…増大　イ…増大　ウ…右

2-10．為替レートと物価の関係

　１ドルが100円が，１ドル200円になることを円安といいます．逆に１ドル200円が，１ドル100円になることを円高といいます．

　この円とドルの関係を為替レートといいます．では，為替レートはどのように決まるのでしょうか．１つの考え方に「購買力平価説」があります．これは「一物一価」の原理に基づいています．

　マクドナルドのハンバーガーが日本で100円とします．同じハンバーガーがアメリカでは１ドルとします．同一物の値段を比較すると，１ドル＝100円が容易に導かれます．

　別に「マネタリーベース説」があります．マネタリーベースとは中央銀行が世の中に供給している貨幣量です．中央銀行は日本では日銀，アメリカではFRBです．日本円のマネタリーベースが100兆円，アメリカのマネタリーベースが１兆ドルとすると，一兆ドル＝100兆円つまり，１ドル＝100円となります．

　かつては１ドル＝360円の固定相場制をとっていました（1971年まで）．1973年からは市場の取引によって交換レートが変動するので，変動相場制といいます．

　１ドル＝100円であったとき，日本で100円の商品をアメリカでは１ドルで販売されます．ところが１ドル＝200円の円安・ドル高になると，同一商品が0.5ドルで売られます．0.5ドル＝100円だからです．同一商品の価格が0.5倍になるとその商品は売れます．つまり，円安によって輸出は増加します．

　円安になると輸出が増加するので，貿易収支が黒字（輸出＞輸入）になります．輸出業者は受け取り代金のドルを円に変えます．これが「円買い，ドル売り」です．逆に輸入業者は輸入した代金をドルで払うために「円売り，ドル買い」といいます．輸出＞輸入なので，「円買い，ドル売り」が「円売り，ドル買い」を上回り，ドルの需要が減るので，１ドルを得るのに200円必要であったのが１ドルがもっと安い値

段，例えば150円でも得ることができることになります，つまり円高方向に移行していくことになります．

　逆に円高になると輸出が減少するので，貿易収支は赤字になります．よって今度は円安方向に移行していくことになります．

(EX.)　次の文の括弧を埋めよ．「円安で輸出が多くなると，日本に流入するドルが多くなり（　ア　）が進む．その結果，（　イ　）が増え，つまり（　ウ　）となる．
(ANS.)　ア…ドル売り，円買い　イ…円の需要　ウ…円高

【マネーサプライ，マネーストック，マネタリーベース】

- マネタリーベースとは

　日銀が民間銀行に供給するお金．
　　＝世の中に存在するお金の合計．

- マネーストックとは

　日銀が発行したすべてのお金（マネタリーベース）のうち，民間銀行を通して世の中に流れたお金の合計．但し日銀当座預金残高は世の中に流れませんのでマネーストックには含みません．今までに何回も出てきたマネーサプライはマネーストックと同じものです．

【信用創造】

　日銀の支払準備率（民間銀行が日銀に持つ日銀当座預金に預けなければならない預金者からの預金の割合）を１％とします．

- はじめの預金者が1000万円を銀行Ａに預金します．銀行Ａは日銀当座預金に預ける1000万円の１％である10万円を除く990万円を企業Ｘに貸し出します．

- 企業Ｘは当分990万円が必要ないので銀行Ｂにその990万円を預けます．銀行Ｂは日銀当座預金に預ける990万円の１％である9.9万円を除く980.1万円を企業Ｙに貸し出します．

- 企業Ｙは当分980.1万円が当分必要ないので銀行Ｃにその980.1万円を預けます．銀行Ｃは日銀当座預金に預ける980.1万円の１％であ

る9.801万円を除く970.299万円を企業Zに貸し出します.

● 理論上はこの貸し出しの連鎖を無限に続けることが可能です.

　貸し出しの合計を式で表すと次のようになります. 単位は万円です.

$1000 \times (1-0.01) + 1000 \times (1-0.01) \times (1-0.01) + 1000 \times (1-0.01) \times$
$(1-0.01) \times (1-0.01) + \cdots = 1000 \times [(1-0.01) + (1-0.01)^2 + (1-0.01)^3 + \cdots]$

これは高等学校で学習した無限等比級数の和を求める問題です.

　　[　　]の中は初項0.99, 公比0.99の無限等比級数ですのでその和は,

初項a, 公比rとすると, $a/(1-r) = 0.99/(1-0.99) = 0.99/0.01 = 99$

よって, 合計は$1000 \times 99 = 9$億9000万円となります. つまり最初の1000万円が99倍の9億9000万円に増えたことになります. この増えた金額を信用創造とよびます. 信用創造によって生じた貨幣増加はマネーストックに入ります.

(EX.) 日銀の支払準備率を仮に2%とする. 100万円の預金が新たに生み出す信用創造を求めよ.

(ANS.) $100 \times 0.98 / (1-0.98) = 4900$万円

第3章

経済小史

3-1. 資本主義の発展

　資本主義の先駆けとなった国は，18世紀後半に初めて産業革命を経験したイギリスです．その後，フランス，ドイツ，アメリカ等産業革命を経験した国から資本主義が成立していきました．産業革命期にイギリスのアダム・スミス（1723-1790）は，彼の著書『国富論』（1776刊）で，分業により社会の生産性は飛躍的に発展し，個々人が正義のルールを侵さない範囲で，自分自身の私的な利益を追求しても「神の見えざる手」によって意図しないうちに公共の利益が達成されると述べました．これは市場メカニズムを説明したものとして高く評価されています．スミスの考え方は現在経済学の基礎となるもので，彼は経済学の父と呼ばれています．

　スミスの時代，ヨーロッパでは国家の保護による有利な貿易政策により国や社会の富を増やそうとする重商主義をとっていました．スミスはこの重商主義を批判し，市場における自由競争によって経済は成長するという自由放任主義を説き，政府の役割はできるだけ小さいほうが良いという「安価な政府（小さな政府）」を推奨しました．一方でドイツのラッサール（1825-1864）は，「安価な政府」は最低限の治安維持しかない「夜警国家」であると皮肉を込めて後に批判しています．しかしスミスのような自由放任主義（仏：laissez-faire レッセ・フェール）は資本主義の原理となったのでした．

　資本主義の急速な発展の陰で，労働者の労働条件は過酷を極めました．イギリスをはじめとする各国で労働運動が激化し，これに対して

政府は工場法（1802,1833）などの労働者保護政策を行い，労働条件の改善に乗り出さざるを得ませんでした．資本主義が成熟するにつれて国内・国外の企業との競争が激しくなり，過剰生産が生じるようになりました．19世紀後半になると好況と不況が交互に訪れる経営循環が発生するようになりました．不況下の企業は過剰生産物の販路を海外に求めるようになりました．国家もこれを支援し，強力な軍事力により植民地獲得に乗り出しました．そして植民地に強制的に過剰生産物を買わせたのでした．これを帝国主義といいます．その結果，海外市場の奪い合いが起こり，19世紀後半から20世紀前半にかけて戦争が頻発しました．

その反面，企業間の競争はイノベーション（技術革新）を引き起こし，資本主義を発展させました．特にオーストリアのシュンペーター（1883-1950）は，イノベーションを「創造的破壊」とよび，資本主義の原動力として重視しました．つまり繊維，鉄鋼などの従来の産業に加えて化学，自動車，電機などの新しい産業が起こり，様々な産業分野で古いものを破壊し新しいものを創造することがシュンペーターの言う「創造的破壊」です．

イノベーションは製造過程の機械化を促し大量生産の規模を拡大しました．生産設備の規模拡大は単位当たりの生産費を減少させ，利益を拡大させます．

これを規模の経済や規模の利益，スケールメリットといいます．そして企業が規模を拡大し，広く資金調達を得るために株式会社制度が発達します．しかし企業の大規模化は小数の企業が産業を支配する寡占化・独占化を進行させました．これを独占資本主義といいます．

第1次世界大戦（1941-1918）と第2次世界大戦（1939-1945）に挟まれた戦間期は資本主義の大きな転換期となりました．1929年，ゼネラルモーターズの株価下落に端を発したニューヨーク市場の株価大暴落は世界恐慌を引き起こし，これに続く1930年代の世界的な大不況によって失業者は激増し，生産は停滞しました．これまで理想とされて

きた「安価な政府（小さな政府）」によるレッセ・フェールではこの大不況に対処できませんでした.

アメリカの第32代大統領フランクリン・ルーズベルト（1882-1945）はニューディール政策（新規巻き返し政策）を実施しました. これは政府が積極的に公共事業や産業保護政策を実施して不況を克服しようとするものです. 特に有名な公共事業はTVA（テネシー川流域開発公社）によるワッツバー・ダムの建設です. 氾濫を繰り返すテネシー川にダムを建設し, 治水・電源開発・雇用拡大に顕著な成果を上げました.

同じころイギリスの経済学者ケインズ（1883-1946）は, 著書『雇用・利子および貨幣の一般理論』や論文「自由放任の終焉」を著わし, 自由市場だけに任せるのではなく, 政府が実際に貨幣の支出を伴う有効需要の増大を目指した適切な政策を行うべきであるという理論を提唱しました. ケインズの計画的要素を取り入れて経済を運営すべきであるという主張は, 混合経済または修正資本主義と言われ, 政府を家計, 企業と並ぶ第3の経済主体に位置付けたものです. 混合経済は第2次大戦後先進各国に取り入れられ, 福祉国家の理論的主柱となりました.

【社会主義経済】

社会主義では, 人々の生産手段の私的所有をなくし, 共同所有（社会的所有）とし生産活動を私的企業の営利活動から社会化しようとするものです. 中でも後世に影響を与えたのはマルクス（1818-1883）です. マルクスは著書『共産党宣言』（1848）や『資本論』（1867-1894）のなかで, 社会主義の主張を展開し次のように主張します.「生産物に価値を与えるのはそこに投下された労働である, つまり労働こそが価値である. 利潤の源泉は労働者に働いた分の価値（賃金）を与えない搾取から生じる.」そして, 搾取のない公平な社会を実現しようとしました. マルクスの思想を実現するために, 1917年にロシアにおいてレーニンを指導者とする革命家たちが, 社会主義革命すなわちロシア革命を引き起こし, ロマノフ王朝が倒れソビエト連邦が成立しました.

さらにソ連の影響を受けて東欧や中国においても社会主義国が成立しました.

　社会主義経済の国は経済発展を促進するために重化学工業に重点をおいた工業化政策を推し進めました. しかし計画経済では人々に有効なインセンティブ（動機付け）を与えることができず, しだいに行き詰まりを見せるようになりました. 1980年後半になると, 自由化の波が社会主義の国々に押し寄せます. ソ連のゴルバチョフ（1931-2022）は, ペレストロイカ（立て直し）とグラスノスチ（情報公開）を掲げ, 社会主義の政治的・経済的自由化を推進しました. 1989年ベルリンの壁崩壊, 1990年東西ドイツ統一, さらに1991年ソ連崩壊と続き社会主義国は崩壊し, 市場経済に移行しました. 現在では社会主義をとる国は中国, ベトナムなどしかありません. これらの国では大幅な自由化・市場経済化が断行され, 株式会社の設立も認められています. これらの経済を社会主義市場経済といいます. 対外的には改革開放政策が取られ, 経済特区を拠点に外国資本の導入が図られました. 一国の中で社会主義と資本主義が共存する一国二制度となっています. 特に中国はめざましい経済成長を遂げ, 2010年にはGDPで日本を抜き, 世界第2位となっています. しかし近年では, 国内に広がる格差や共産党トップの独裁体制と分権を特徴とする市場経済との間の矛盾や軋轢が表面化し, 経済成長も鈍化しています.

【新自由主義の台頭】

　1970年代のイスラエル対イスラム諸国の戦争による2度の石油危機によって, 世界は不況に陥り, 不況下での物価上昇（スタグフレーション）が深刻化しました. ケインズ学的な大きな政府が行き詰まりました. つまり病気や失業で働けなくなっても, 手厚い福祉政策のおかげで一定の生活水準が保たれる反面, それらを支えるために税負担が重くなって, 労働や貯蓄・投資への意欲が低下するという弊害が主張されました. そして小さな政府への期待が高まりました. その理論的支柱はフリードマン（1926-2006）のマネタリズムです. マネタリズム

は不安定な物価上昇を回避するために通貨を安定的に供給するという考えです．景気対策としての財政政策・金融政策を否定し，マネーサプライを経済成長や人口増減に見合った一定率で増減すべきという主張です．さらに規制緩和，とりわけ金融の規制緩和や公的企業の民営化によって市場機能の回復を図るべきと主張しました．大きく見ればアダム・スミスへの回帰です．このフリードマンのマネタリズムと小さな政府への回帰を新自由主義といいます．「新」をつけてスミスと区別しています．小泉（1942- ）政権での郵政民営化は正に新自由主義の典型です．海外ではイギリスのサッチャー（1925-2013）政権，アメリカではレーガン（1911-2004）政権，日本では中曽根（1818-2019）政権が新自由主義の典型政策を採ったといわれています．

　しかし新自由主義の拡大は様々な負の遺産を残しています．金融自由化や労働自由化は所得格差を拡大させました．また教育，医療にも富裕層が優遇される実態を招きました．さらに国民の生命維持に必須の農業を輸入に頼るという結果を招いたのでした．

　そこで現在では政府と市場の適切な役割分担が重要な課題となっています．そして行き過ぎた市場経済がもたらした格差拡大の是正，社会的弱者にも配慮して市場に参加する機会をより平等にすることがより公平であり，社会全体の活性化にもつながるというアメリカのスティグリッツ（1943- ）などの考えが重視されてきています．

(EX.)　アダム・スミス，マルクス，ケインズ，フリードマンの主張を短い単語で言え．
(ANS.)　アダム・スミス…「神の見えざる手」，自由放任主義
　　　　マルクス…社会主義経済
　　　　ケインズ…混合経済（修正資本主義）
　　　　フリードマン…マネタリズム，新自由主義

60

[参考文献]（入手が容易で内容が基本～標準の本を挙げる）

- 柳川隆他『ミクロ経済学・入門（新版）』(2015，有斐閣アルマ)
- 茂木喜久雄『絵でわかるミクロ経済学』(2018，講談社)
- 小野崎保他『ミクロ経済学15講』(2023，サイエンス社)
- 菅原晃『高校生からわかるマクロ・ミクロ経済学』(2013，河出書房新社)
- 高橋洋一『経済学入門』(2016，あさ出版)
- 高橋洋一『新聞・テレビ・ネットではわからない日本経済について高橋洋一先生について聞いてみた』(2023，Gakken)
- 高橋洋一『明解経済理論入門』(2023，あさ出版)
- 村尾英俊『公務員試験最初でつまづかない経済学ミクロ編』(2021，実務教育出版)
- 村尾英俊『公務員試験集中講義！ミクロ経済学の過去問』(2021，実務教育出版)
- 福田慎一他『マクロ経済学・入門（第5版）』(2020，有斐閣アルマ)
- 村尾英俊『公務員試験最初でつまづかない経済学マクロ編』(2021，実務教育出版)
- 茂木喜久雄『絵でわかるマクロ経済学』(2023，講談社)
- 塩路悦朗『やさしいマクロ経済学』(日経文庫，2019)
- 村尾英俊『公務員試験集中講義！マクロ経済学の過去問』(2021，実務教育出版)
- 池尾和人『現代の金融入門（新版）』(2020，ちくま新書)
- 高橋洋一『国民のための経済と財政の基礎知識』(2022，扶桑社新書)
- 森永康平『お金と経済のしくみ』(2021，あさ出版)
- 崔真淑『日常が学びに代わる経済学の本』(2022，翔泳社)

著者紹介

井上 尚之 （いのうえ・なおゆき）

大阪生まれ．京都工芸繊維大学卒業．（工学士）．

大阪府立大学大学院総合科学研究科修士課程修了．学術修士．

大阪府立大学大学院人間文化学研究科博士後期課程修了．博士（学術）．

神戸山手大学教授，関西国際大学特遇教授をへて現在，大和（やまと）大学教授，関西国際大学客員教授．

摂南大学・武庫川女子大学等兼任講師．環境経営学会副会長．形の文化会会長．環境計量士．

専攻：経済政策論，ミクロ・マクロ経済，マーケティング・経営戦略論・サステナビリティ経営，国際関係論，科学技術史など

【単著書】

『よくわかる基礎経営学―マーケティング・経営戦略・SDGs―』，『サステナビリティ経営』（環境経営学会実践貢献賞受賞作品），『日本ファイバー興亡史―荒井渓吉と繊維で読み解く技術・経済の歴史―』，『新国際関係論』（以上大阪公立大学出版会），『科学技術の発達と環境問題（2訂版）』（東京書籍），『環境学―歴史・技術・マネジメント』（環境経営学会実践貢献賞受賞作品），『ナイロン発明の衝撃―ナイロン発明が日本に与えた影響』，『生命誌―メンデルからクローンへ』，『原子発見への道』（以上関西学院大学出版会），『風呂で覚える化学』（教学社）等

【共著書】

『サステナビリティと中小企業』（同友館），『環境新時代と循環型社会』（学文社），『科学技術の歩み―STS的諸問題とその起源』（建帛社）等

【共訳書】

『蒸気機関からエントロピーへ―熱学と動力技術』（平凡社）等
その他著書・論文多数．

OMUP

大阪公立大学出版会（OMUP）とは
本出版会は，大阪の5公立大学−大阪市立大学，大阪府立大学，大阪女子大学，大阪府立看護大学，大阪府立看護大学医療技術短期大学部−の教授を中心に2001年に設立された大阪公立大学共同出版会を母体としています．2005年に大阪府立の4大学が統合されたことにより，公立大学は大阪府立大学と大阪市立大学のみになり，2022年にその両大学が統合され，大阪公立大学となりました．これを機に，本出版会は大阪公立大学出版会（Osaka Metropolitan University Press「略称：OMUP」）と名称を改め，現在に至っています．なお，本出版会は，2006年から特定非営利活動法人（NPO）として活動しています．

About Osaka Metropolitan University Press（OMUP）
　Osaka Metropolitan University Press was originally named Osaka Municipal Universities Press and was founded in 2001 by professors from Osaka City University, Osaka Prefecture University, Osaka Women's University, Osaka Prefectural College of Nursing, and Osaka Prefectural Medical Technology College. Four of these universities later merged in 2005, and a further merger with Osaka City University in 2022 resulted in the newly-established Osaka Metropolitan University. On this occasion, Osaka Municipal Universities Press was renamed to Osaka Metropolitan University Press (OMUP). OMUP has been recognized as a Non-Profit Organization (NPO) since 2006.

OMUPユニヴァテキストシリーズ ⑩
よくわかる基礎経済学
―ミクロ経済・マクロ経済―

2024年7月7日	初版第1刷発行	
著　者	井上　尚之	
発行者	八木　孝司	
発行所	大阪公立大学出版会（OMUP）	
	〒599-8531 大阪府堺市中区学園町1-1	
	大阪公立大学内	
	TEL　072(251)6533	
	FAX　072(254)9539	
印刷所	株式会社 遊 文 舎	

©2024 by Naoyuki Inoue　　　　　　　Printed in Japan
ISBN 978-4-909933-78-2